GABRIELA SANTANA

MITO LOGÍA DE AMÉRICA PARA NIÑOS

SÉLECTOR

ACTUALIDAD EDITORIAL

Mitología de América para niños
Gabriela Santana

© Panda Rojo. Diseño Integral, diseño de portada
© Alberto Flandes, ilustraciones interiores

SÉLECTOR

ACTUALIDAD EDITORIAL

D.R. © Selector S.A. de C.V. 2002
Doctor Erazo 120, Col. Doctores,
C.P. 06720, México D.F.

ISBN 13: 978-607-453-743-7

Primera edición, corregida: mayo de 2021

Impreso en México
Printed in Mexico

Índice

A Luz Elena, para que siga viajando

Principales grupos étnicos de la antigüedad

Pieles Rojas
Nombre genérico dado a las tribus indígenas que habilitaron Canada (excepto esquimales) y Estados Unidos

Mesoamérica
Agrupa a varios grupos como olmecas, toltecas, aztecas, etcétera.

Mayas

Íncas

Océano Pacífico

Océano Atlántico

Prefacio

Debes saber que, hace muchos años, los grupos que poblaron el continente americano utilizaron estos relatos para hablar de diversos aspectos de su vida y reflexionar sobre todo aquello que les preocupaba.

Los mitos —que aparecen en este y otros libros— surgieron en la antigüedad, cuando los rituales y el relato de historias eran las únicas formas

de comunicación. Luego fueron transmitiéndose de generación en generación hasta ser finalmente transcritos por etnólogos, gramáticos y misioneros.

Los mitos son tan viejos como el hombre, con un poder narrativo que va más allá del simple entretenimiento: estos nos hablan de algún tema relevante de la vida; evocan un pasado creador, un orden en el mundo y nos colocan frente a frente con seres divinos y héroes.

Los mitos no son simples descripciones antiguas de fenómenos como el de las nubes que pasan frente al Sol. Son resultado de una especie de ciencia primitiva que da explicaciones de algún fenómeno natural en una época en la que éstas eran más religiosas y mágicas que científicas.

Por eso los mitos siempre tendrán significado para uno. A veces no hace falta aclararlo o descifrarlo. Si nos dan algún mensaje, hay que incorporarlo a nuestras vidas, pues en algo habrán de fortalecerlas.

Así, pues, la intención de este libro es que las historias signifiquen algo especial para ti.

Espero que disfrutes de este viaje.

MÉXICO

En nuestro país surgieron grandes culturas prehispánicas de las que se originó toda una mitología llena de dioses y héroes.

Muchos de los mitos nahuas o aztecas fueron recopilados por el fraile franciscano llamado Bernardino de Sahagún, quien encontró sabiduría en estas historias del pasado que los indígenas conocían de memoria.

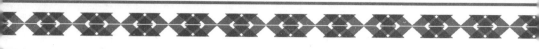

Tezcatlipoca

Aquí te presentamos el mito de un héroe llamado Tepozteco, quien dio nombre a un cerro en el estado de Morelos, y a un templo en donde hasta la
fecha se sigue celebrando una pintoresca fiesta en
su honor.

Tepozteco

En un lugar llamado Tepoztlán, en el estado de Morelos, vivía una joven de notable belleza, quien era hija del cacique de la región.

Un día, la doncella fue a bañarse al río que corre a los pies del cerro Ehecatépetl, llamado así en honor del dios del viento.

El agua estaba particularmente limpia y clara, el aire soplaba suavemente como si le acariciara el cuello.

Después de esto, a los pocos días, la joven supo que estaba embarazada y guardó el secreto en su corazón.

Cuando el niño nació, su abuelo, determinado a preservar el honor de la familia, trató de desha-

cerse de él, así que lo colocó en una canasta y lo abandonó en el arroyo con la esperanza de que una tempestad se encargara de aniquilarlo. Sin embargo, esa noche las estrellas brillaron como nunca en el cielo, y los lirios protegieron la canasta de la corriente del río.

El cacique llegó al día siguiente para comprobar la muerte del niño, pero lo encontró sano y salvo. Entonces, decidió que se lo llevaría al cerro para que algún animal se lo comiera; sin embargo, las hormigas hicieron un cerco para protegerlo y le llevaron el néctar de las frutas para que se alimentara.

Como el "fruto del pecado" continuaba con vida, el padre de la joven lo colocó sobre la penca de un maguey para que muriera de hambre, pero la diosa Mayahuel inclinó sus hojas y amamantó a Tepozteco con su dulce líquido.

Al intuir que el niño era mitad dios y mitad hombre, el cacique lo metió en una caja y lo colocó a la orilla de una barranca para que la lluvia lo arrastrara por el cerro, pero esa noche no llovió.

Al otro día, una pareja de ancianos andaba por ahí. Ella lavaba la ropa con una raíz del monte y él cortaba leña seca. Cuando escucharon el balbuceo, abrieron la caja y encontraron al hermoso bebé que les extendía los brazos para que lo cargaran.

—¿Qué hacemos, mujer? —preguntó el anciano—. Uno puede encontrar objetos, pero no seres humanos.

—Vamos a adoptarlo —respondió la mujer—, por algo fuimos nosotros quienes lo encontramos.

El bebé creció con el amor y los cuidados de estos ancianos. Cuando llegó a la edad de siete años, el niño les habló con mucha seriedad:

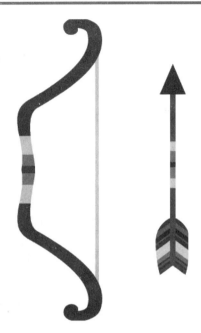

—Quiero vestirme como cazador y que me hagan un arco y mil flechas.

Los abuelos lo complacieron. Entonces, el niño lanzó una flecha al aire y una paloma herida cayó del cielo.

—Desde hoy quiero que me digan qué desean comer y yo se los traeré.

Tepozteco llegaba todos los días con gran variedad de alimentos que había cazado: venados, conejos y peces del río.

Los ancianos se asombraban de la destreza del niño; así pasaron otros siete años sin tener que preocuparse por el sustento diario.

Tepozteco creció alto y fuerte. Conocía cada vereda de las montañas y los campos de la región.

Cierto día, el adolescente llegó a su casa y se encontró a sus padres llorando tristemente.

—Querido hijo —empezó a decir el anciano—. Han venido por nosotros los emisarios del señor de

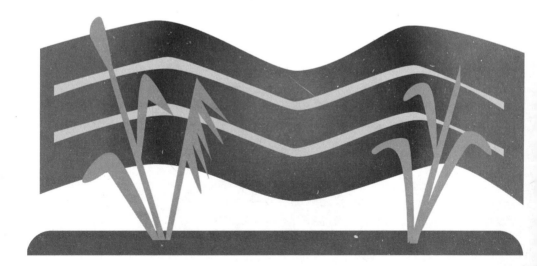

Xochicalco. Él cobra cada año el tributo de una vida que necesita para alimentarse.

Lo que sucedía es que el señor de Xochicalco era un gigante que comía ancianos para ser cada vez más experto y sabio.

Tepozteco se enojó muchísimo y exigió que los emisarios lo llevaran a él en lugar de sus padres adoptivos.

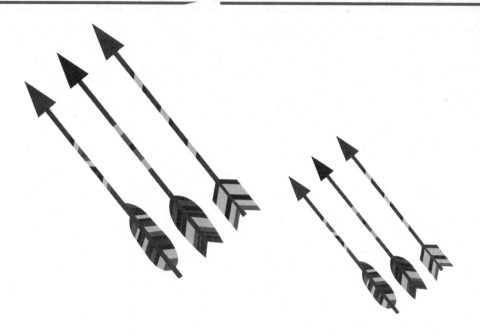

Los ancianos no querían aceptar el sacrificio de su hijo, pero éste insistió tanto que incluso los ayudantes tuvieron que aceptar, por miedo a que el joven disparara sus flechas.

—Mañana observen el horizonte —dijo el valiente joven—. Si ven humo blanco, es señal de que he triunfado; pero si el humo es negro, entonces habré muerto.

Tepozteco y los emisarios partieron rumbo a Xochicalco. El joven iba dando nombre a los cerros por donde pasaba e iba recogiendo piedras de obsidiana.

El gigante esperaba a sus emisarios con hambre feroz y se enfadó muchísimo al ver que le llevaban a un joven en lugar de un anciano.

—¡Cocínenlo de inmediato! —les dijo.

Los ayudantes se dieron a la tarea de preparar a Tepozteco y calentaron abundante caldo; pero, cuando ya lo iban a meter, el joven se transformó en un conejo.

—No quiero que me destroces, quiero que me tragues entero —dijo al gigante— o me convertiré en otros animales.

—¿Y tú quién eres para hablarme de esa manera?

—Yo soy de Tepoztlán y vengo a liberar a la comarca de ti.

Al oír esto, el gigante gruñó y se lo tragó de un bocado. Sin embargo, ya dentro del vientre de éste, el joven le destrozó los intestinos con las piedras de obsidiana que había recogido.

Tepozteco salió del gigante, envió la señal de humo blanco a sus padres y se dispuso a regresar a casa. Al pasar por Cuernavaca vio que había un festejo para celebrar la caída del gigante. Ahí se encontraban los señores de Cuernavaca, Yautepec y Cuautla. Había mole y música de *teponaztle*.

Como el joven estaba sucio y sudoroso por la batalla que había librado, nadie lo invitó a sentarse ni le permitieron tocar el *teponaztle*.

El joven fue a cambiarse y se presentó como señor de Tepoztlán. Entonces, los invitados comenzaron a hacerle reverencias y le ofrecieron del sabroso mole, que Tepozteco embarró en sus vestidos.

—Que coma mi ropaje, ya que eso es lo que ustedes veneran. Hace unos minutos llegué aquí sucio por haberlos librado del terrible gigante de Xochicalco y ustedes me ignoraron. Ahora que vengo con finas plumas y brazaletes, ustedes me llenan de favores. Esto sólo los hace merecedores de mi desprecio.

Después de decir esto, tomó dos maderos para hacer cantar al *teponaztle* y se fue con el viento.

Los guerreros de Cuernavaca lo persiguieron para quitarle el instrumento musical; pero, cada vez que le daban alcance, Tepozteco levantaba polvareda, ponía un remolino como muro u orinaba para hacer aparecer una barranca. Por esta razón, nunca pudieron darle alcance, pues corría con la velocidad del viento.

Así llegó a su hogar en el cerro de Ehecatépetl, que hoy lleva su nombre: Tepozteco. Luego decidió marcharse de su pueblo, pero, antes de partir, entregó a sus padres una caja dentro de la cual estaba guardada toda la riqueza de la comarca.

Actualmente, cada ocho de septiembre se hace gran fiesta en honor de este héroe mítico. Hay una pirámide en su honor y la gente toca los cascabeles y el *teponaztle* para recordar el mágico tesoro que entregó a la región.

MÉXICO Y AMÉRICA CENTRAL

En la civilización maya, que floreció en México y América Central, lo sagrado impregnaba todos los aspectos de la vida a través de rituales y ceremonias. La religión maya era politeísta y contaba con dioses vinculados a la Naturaleza. Éstos representaban los cuatro elementos: agua, aire, fuego y tierra. También otras manifestaciones naturales como las estrellas o los fenómenos atmosféricos. Como los dioses podían producir cosas buenas, como la lluvia, o malas, como un diluvio, las personas debían estar en permanente comunicación con los seres superiores. Precisamente de esto trata esta historia.

La princesa
Ixchel

Cuando los dioses crearon a la raza humana, Itzamná, el soberano de los cielos y también dios principal de los sacerdotes mayas, pidió a los chamanes que se dirigieran a él para que el alimento sagrado fuese abundante y así se garantizara la supervivencia de la humanidad.

Itzamná

Itzamná prometió sol y lluvia. Dijo a los mayas cómo poner palabras en los códices, cómo sumar y observar a las estrellas.

Los sacerdotes debían procurar que todos los hombres lo honraran y que hubiera siempre buena comunicación con él y con el resto de los dioses.

Para esto existían varias celebraciones rituales que se realizaban en lugares sagrados, que era en donde se concentraba la energía espiritual.

El pueblo acudía de todas partes a presenciar los rituales y las danzas sagradas que se llevaban a cabo al pie de las pirámides o a orillas de los cenotes sagrados.

Ahí, en el corazón de la selva, el chamán pronunciaba encantamientos, con la esperanza de que los dioses se enteraran de la veneración del pueblo y mostraran su bondad con la dulce lluvia y la abundancia.

De todas partes venían peregrinos y se llevaban a cabo bailes y juegos de pelota, donde los más experimentados jugadores terminaban sangrantes. El evento del sacrificio era realmente espectacular.

En esta ocasión, la princesa Ixchel sería arrojada al *tz'onot* para que, en la profundidad del manantial, el dios le dijera si el año sería bueno para los habitantes del Mayapán.

La princesa Ixchel, como hija del rey, había sido educada para este momento y además sabía que no había mejor ofrenda que su persona para agradar al dios Itzamná.

Esa mañana peinó su cabellera y la ungió con aceite de hierbas aromáticas, para hacerla más brillante. Se atavió con un vestido bordado con cuentas de oro y colocó sobre su pecho el disco de jade, en cuyo centro estaba labrado el poderoso jaguar.

La princesa había visto en una ocasión al enigmá-
tico felino y sus ojos se habían encontrado con los de
él. Cualquiera hubiera visto en ello un mal presagio
pero no la joven Ixchel, quien vio en el hermoso animal la fertilidad y la vida que surge de las entrañas
de la Tierra.

En esto pensaba la joven princesa cuando escuchó que la procesión se acercaba. Los sacerdotes llegaron por ella y, entre cánticos y oraciones, caminaron con aire solemne hacia el cenote.

A medida que salía el Sol, las ofrendas de oro y piedras preciosas que llevaba la gente comenzaron a brillar. Ixchel suspiró y, con un estremecimiento, sintió cómo los sacerdotes la tomaban de brazos y pies y la arrojaban con fuerza a lo profundo de las aguas.

Ixchel cayó entre los lotos del cenote.

Al día siguiente, los chamanes regresaron por ella y la encontraron flotando justo donde la luz atraviesa la piedra e ilumina las aguas fangosas del manantial.

Los sacerdotes le lanzaron una cuerda y la princesa hizo acopio de voluntad para sujetarse de ella.

Ixchel había sobrevivido a la caída y ahora era como una diosa a quien había que alabar y reverenciar.

—Repítenos las palabras del dios —le dijeron los chamanes, una vez que Ixchel se había secado y vestido en el interior del templo.

Sin embargo, Ixchel parecía estar fuera de este mundo. Sus ojos se limitaban a mirar al infinito y parecía no comprender las palabras de los sacerdotes.

Entonces le dieron a beber cacao, pero Ixchel los miró con indiferencia y continuó con la vista fija en la profundidad de la selva.

Un grupo de jóvenes fueron a llevarle flores y la vieron más pálida que nunca.

Los chamanes interpretaron su silencio como una mala noticia y reunieron a todos para anunciarles que venían tiempos difíciles para el Mayab.

Dejaron a Ixchel sola en el interior del templo, y la gente comenzó a hablar de desastres, de lluvia, de malas cosechas y de guerras.

—Hay que hacer sangrar a la doncella con una espina —propusieron algunos.

—Arrojémosla nuevamente al cenote y tal vez el dios cambie de opinión —reclamaban otros.

Entonces, los sacerdotes entraron de nuevo por ella pero no la encontraron.

Ahí, donde la habían dejado recostada, había una pequeña ave blanca con los ojos fijos en el horizonte.

Uno de los chamanes la tomó y salió con ella para mostrarla al pueblo.

—El dios Itzamná ha tomado a nuestra Ixchel como esposa, y en su lugar ha dejado esta paloma blanca.

Desde entonces, la princesa Ixchel se convirtió en compañera de Itzamná. Se le veneró como la Luna que reina sobre las aguas y protege a las mujeres.

ESTADOS UNIDOS

En Estados Unidos vivieron diversas tribus indígenas, como los cheyenes, apaches, comanches y sioux, que habitaron las grandes llanuras; los mohicanos, seminoles, delaweres y cherokees, situados al Oriente, y los navajos, apaches y hopos, localizados en el Sur.

Algunos de estos grupos permanecen hoy en día en reservaciones que intentan sobrevivir frente a los avances diarios de la civilización.

Lo más notable de estas tribus fue el contacto que había entre los hombres y la Naturaleza. Eso es lo que nosotros debemos aprender de ellos.

El pequeño piel roja

Como de costumbre, esa mañana el abuelo piel roja se quedó a cuidar a su pequeño nieto Wowoka. El padre del niño había salido a cazar junto con los demás al Gran Bisonte, del que se aprovechaba todo: su piel la usaban para vestirse, forrar los tipis, construir escudos o incluso fabricar embarcaciones; los tendones se usaban

63

para coser y confeccionar la cuerda de los arcos; cuernos y huesos servían de instrumentos de cocina, y su carne de sustento durante varias semanas.

Ya hacía tiempo que esperaban a los bisontes. Por eso, cuando el Gran Jefe Taranku soñó que pasaría una gran manada y dejaría sus huellas sobre la nieve, se oyó un fuerte grito de júbilo en la enorme estepa.

Los mayores medían el tiempo de nieve a nieve. Así pasaban los años en espera de mejores pastos para atraer al alce, al caribú o incluso a los pequeños puercoespines para saciar el hambre.

Los viejos se quedaban para cuidar de los niños. Algunas mujeres permanecían en sus tipis, en ceremonias de purificación, y alguien tenía que hacerse cargo de los chicos: educarlos en la sabiduría y enseñarles los orígenes del amor, del Gran Espíritu.

Wowoka disfrutaba mucho de la compañía de su abuelo. Él le había contado por qué Manitú, después de varios intentos, había logrado crear al hombre perfecto con arcilla colorada. También le había narrado que esta tierra, que ellos habitaban, había estado poblada por otros seres que ahora estaban en las profundidades de la laguna y que podían llegar a ellos si bajaban por las raíces de los árboles.

—Hay que respetar a nuestros antepasados porque el día en que tú mueras también se hablará de ti y se te respetará —dijo el abuelo cuando Wowoka abrió grandotes los ojos con solo pensar en los muertos que habitaban debajo de las raíces.

—Y no hagas tantas preguntas —añadió el abuelo, antes de que Wowoka abriera siquiera los labios—. Es de mala educación preguntar directamente las cosas. No querrías que te dijeran: "curioso como una lechuza", ¿verdad?

Wowoka sonrió y dejó pasar un minuto de silencio.

—Abuelo, ¿cuándo podré probar de la pipa sagrada?

—La pipa es un regalo de los dioses. Ven, vamos a sentarnos y te contaré cómo llegó la pipa hasta nosotros.

Wowoka y su abuelo sacaron un poco de carne seca y se sentaron en unas piedras.

El abuelo derramó un poco de agua en honor al espíritu de la tierra y bebió un poco, antes de comenzar su relato.

—Un día salieron de cacería dos guerreros y encontraron a una bella mujer. Tal vez fuera el espíritu de la montaña o de la lluvia, porque era alta y su cabello le llegaba hasta las rodillas. Los dos hombres se quedaron quietos pero, luego de verla, uno de ellos se enamoró de ella. De pronto, una nube blanca cubrió por completo a este cazador. Su amigo lo llamó pero no pudo entrar a la nube. Cuando por fin ésta se retiró, sólo quedaba una pila de huesos.

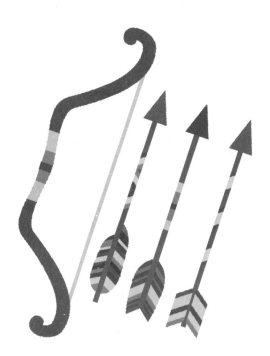

—¿Y qué hizo el amigo?

—Naturalmente hizo lo que se hace cuando una persona mata sin querer a otra: esperar una disculpa y un regalo.

—¿Y la mujer le dio la pipa sagrada?

—Sí, y le preguntó si había comido bien.

Abuelo y nieto se quedaron de nuevo callados. Una gran águila voló alto, muy alto, por encima de ellos.

—Si alguien muere durante la cacería, se irá feliz del mundo y sin rencores —dijo el abuelo—. El águila lo ha dicho.

—Abuelo, anoche oí aullar a los lobos.

—También eso es bueno.

—¿Por qué?

—Significa que hay lobos —dijo el abuelo, y frunció un poco el entrecejo.

Antes de que pudiera reprenderlo por hacer tantas preguntas, Wowoka cambió de tema.

—¿Irás al Powwow este año?

—Powwow significa "reunión de personas". Es un encuentro de tribus y yo debo asistir como guerrero veterano.

—Si vas, ¿me prestas tu tambor de conejo?

—Sí.

El niño quedó satisfecho con esta respuesta. Sabía que a veces estas reuniones duraban desde la primavera hasta el otoño y que él se perdería una vez más de las ceremonias, los cantos y las danzas; pero pronto sería mayor y podría recorrer con su abuelo la gran estepa, para llegar al lugar santo, montado en un caballo y lanzando sus flechas al cielo.

La carta del Gran Jefe sioux

Cuando Franklin Pierce, presidente de Estados Unidos, en 1854, ofreció al jefe de los pieles rojas comprar sus tierras (en lo que hoy es el estado de Washington) a cambio de instalarlos en una "reservación", el Gran Jefe sioux respondió de la siguiente manera:

Jefe de los caras pálidas:

¿Cómo se puede comprar o vender el cielo o el calor de la tierra? Esa es para nosotros una extraña idea.

Si nadie puede poseer la frescura del viento ni el fulgor del agua, ¿cómo puede ser que usted se proponga comprarlos?

Cada pedazo de esta tierra es sagrado para mi pueblo. Cada rama brillante de un pino, cada puñado de arena de las playas, la penumbra de la densa selva, cada rayo de luz y el zumbar de los insectos son sagrados en la memoria y vida de mi pueblo. La savia que recorre el cuerpo de los árboles lleva consigo la historia del piel roja.

Los muertos del hombre blanco olvidan su tierra de origen cuando van a caminar entre las estrellas. Nuestros muertos jamás se olvidan de esta bella tierra, pues ella es la madre del hombre piel roja. Somos parte de la tierra y ella es parte de nosotros. Las flores perfumadas son nuestras hermanas; el ciervo, el caballo y la gran águila son nuestros hermanos. Los picos rocosos, los surcos húmedos de las campiñas, el calor del cuerpo del potro y el hombre, todos pertenecemos a la misma familia.

Por esto, cuando el Gran Jefe Blanco en Washington manda decir que desea comprar nuestra tierra, pide mucho de nosotros. El Gran Jefe Blanco dice que nos reservará un lugar donde podamos vivir satisfechos. Él será nuestro padre y nosotros seremos sus hijos.

Por tanto, nosotros vamos a considerar su oferta de comprar nuestra tierra. Pero eso no será fácil. Esta tierra es sagrada para nosotros. Esta agua brillante que escurre por los riachuelos y corre por los ríos no es apenas agua, sino la sangre de nuestros antepasados. Si les vendemos la tierra, ustedes deberán recordar que es sagrada, y deben enseñar a sus hijos que cada reflejo sobre las aguas limpias de los lagos habla de acontecimientos y recuerdos de la vida de mi pueblo. El murmullo de los ríos es la voz de mis antepasados.

Los ríos son nuestros hermanos pues sacian nuestra sed. Los ríos cargan nuestras canoas y alimentan a nuestros niños. Si les vendemos nuestras tierras, ustedes deberán recordar y enseñar a sus hijos que los ríos son nuestros hermanos, y los suyos también. Por tanto, deberán tratarlos con la bondad con la que tratarían a cualquier hermano.

Sabemos que el hombre blanco no comprende nuestras costumbres. Una porción de tierra, para él, tiene el mismo significado que cualquier otra; pues es un forastero que llega en la noche y extrae de la tierra lo que necesita. La tierra no es su her-

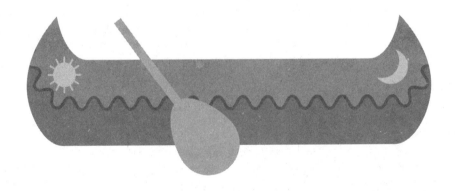

mana sino su enemiga y, cuando ya la conquistó, prosigue su camino. Deja atrás las tumbas de sus antepasados y no se preocupa. Roba de la tierra aquello que sería de sus hijos y no le importa.

El hombre blanco olvida la sepultura de su padre. Trata a su madre, a la tierra, a su hermano y al cielo como cosas que pueden ser compradas, saqueadas, vendidas como carneros o adornos coloridos. Su apetito devorará la tierra y dejará atrás solamente un desierto.

Yo no entiendo. Tal vez el hombre piel roja es un salvaje y no comprenda. Nuestras costumbres son diferentes de las de ustedes.

No hay un lugar quieto en las ciudades del hombre blanco. Ningún lugar donde se pueda oír el florecer de las hojas en la primavera.

¿Qué resta de la vida si un hombre no puede oír el llanto solitario de un ave o el croar nocturno de las ranas alrededor de un lago?

El aire es de mucho valor para el hombre piel roja, pues todas las cosas comparten el mismo aire: el animal, el árbol, el hombre, todos comparten el mismo soplo. Parece que ustedes no sienten el aire que respiran. Como una persona agonizante son insensibles al mal olor. Pero si les vendemos nuestra tierra, deben recordar que el aire es valioso; que el viento dio a nuestros abuelos su primer respiro y recibió su último suspiro. Si les vendemos nuestra tierra, deben mantenerla intacta y sagrada como un lugar en donde hasta el mismo hombre blanco pueda saborear el viento azucarado por las flores de los prados.

Vi un millar de búfalos pudriéndose en la planicie, abandonados por el hombre blanco que los abatió desde un tren al pasar. Yo soy un hombre salvaje y no comprendo cómo es que el caballo humeante de fierro puede ser más importante que el búfalo, que nosotros sacrificamos solamente para sobrevivir.

¿Qué es el hombre sin los animales?

Si todos los animales se fuesen, el hombre moriría de una gran soledad de espíritu, pues lo que ocurra con los animales en breve ocurrirá a los hombres. Hay una unión en todo.

La tierra no pertenece al hombre; es el hombre quien pertenece a la tierra. Esto es lo que sabemos: todas las cosas están relacionadas como la sangre que une a una familia. Hay una unión en todo.

Incluso el hombre blanco, cuyo Dios camina y habla como él de amigo a amigo, no puede estar exento del destino común. Es posible que seamos hermanos, a pesar de todo. Veremos. Pero estamos seguros de que, algún día, el hombre blanco llegará a descubrir que nuestro Dios es el mismo Dios. Ustedes pueden pensar que lo poseen, como desean poseer nuestra tierra; pero no es posible. Él es el Dios del hombre, y su compasión es igual para el hombre piel roja como para el hombre blanco.

La tierra es preciosa, y despreciarla es despreciar a su creador. Los blancos también pasarán; tal vez más rápido que las otras tribus. Contaminan sus camas y una noche serán sofocados por sus propios desechos.

Cuando nos despojen de lo que es nuestro, ustedes brillarán intensamente iluminados por la fuerza del Dios que los trajo aquí y que, por alguna razón especial, les dio el dominio sobre la tierra y sobre el hombre piel roja.

Este destino es un misterio para nosotros, pues no comprendemos que los búfalos sean exterminados, que los caballos salvajes sean todos domados, que los rincones secretos del bosque denso sean impregnados del olor de muchos hombres y que la visión de las montañas esté obstruida por hilos para hablar.

¿Qué ha sucedido con las plantas? Están destruidas.

¿Qué ha sucedido con el águila? Ha desaparecido.

De hoy en adelante, la vida ha terminado. Ahora empieza la supervivencia.

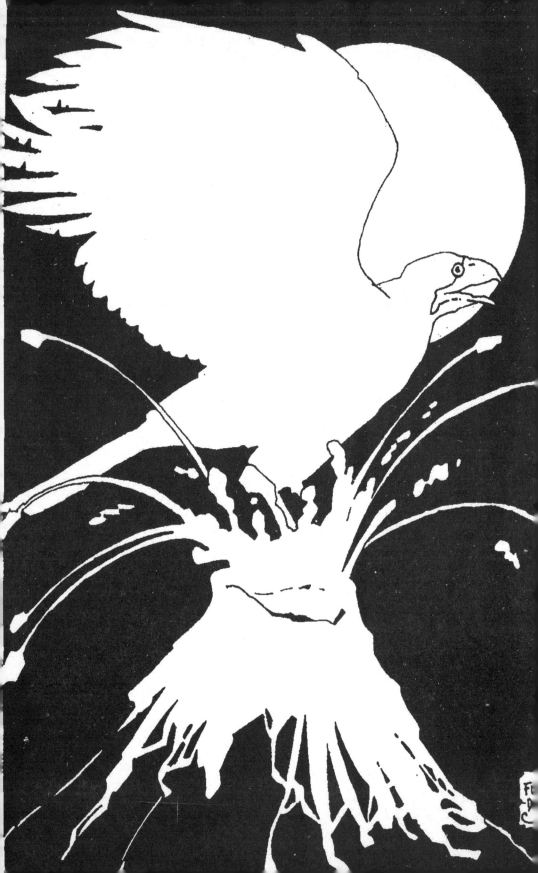

ALASKA, CANADÁ Y GROENLANDIA

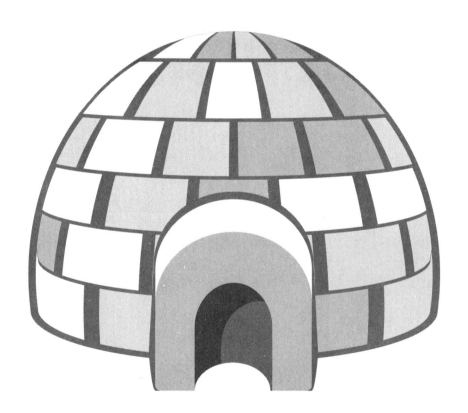

L a población que tradicionalmente ha ocupado la vasta región helada del planeta, que es el Círculo Polar Ártico, está integrada por etnias y grupos muy diversos. En Groenlandia, Canadá y Alaska viven lo que algunos llaman "esquimales".

Atapascos
Tribu del noreste de Cánada

Estos grupos prefieren llamarse a sí mismos *inuit*, que significa "la gente", ya que *esquimos* o *esquimales* significa "comedores de carne cruda", y ese nombre les parece despectivo.

Los inuit creen que hubo un tiempo en que las personas podían transformarse en animales y viceversa, y era tal la comunicación entre unos y otros que un cazador podía pedir abundancia de presas y éstas podían escucharlo y dejarse cazar.

El origen de las montañas y la niebla

En un tiempo muy distante, cuando los espíritus habitaban en un sendero que hoy conocemos como Aurora Boreal, vivía un joven cazador llamado Ellam, que significa "fuerza".

Un día, Ellam tomó su kayak y fue en busca de peces para mitigar su hambre.

Se dejó llevar por la corriente helada y pronto estuvo muy lejos de donde solía pescar. Ahí, cerca de un peñasco donde reposaban unos lobos marinos, dejó caer el anzuelo.

Transcurrió una hora y ningún pez mordía. Entonces, una lobita de mar se acercó y le habló:

—Se han marchado los peces y nosotros haremos lo mismo. Es inútil que esperes que alguno muerda tu anzuelo.

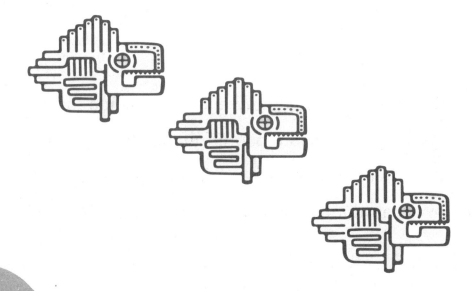

Pronto, Ellam se enteró de que la razón por la que los peces se habían marchado era por miedo a unos gigantes llamados Atshen, que alguna vez habían sido humanos, pero fueron transformados después de consumir carne humana. Ahora eran unos seres gigantescos, sin labios y sin cabello.

El joven invocó a la diosa del Sol y al dios de la Luna y, lleno de curiosidad, decidió partir hacia las cuevas donde vivían estos gigantes. Su único amuleto fue un diente de morsa que pendía de su cuello.

Ellam caminó con rapidez por la tundra helada. Sabía que le quedaban pocas horas de luz y debía llegar a su iglú con algo de alimento para pasar la noche.

Pronto llegó hasta la cueva que parecía iluminada por el reflejo del Sol y que se metía entre la nieve. En ella, se encontraba un gigante que devoraba unos huesos.

El cazador comprendió que estaba en peligro y, para evitar una muerte segura, se tumbó en el suelo y fingió estar muerto.

El gigante alcanzó a ver al cazador, se acercó a él y lo levantó para ver si respiraba; pero el muchacho contuvo el aliento.

—Está muerto —se dijo el gigante, y agarró al cazador para llevarlo a su cueva. Ellam seguía fingiendo que estaba muerto.

Entonces, otro gigante se acercó.

—Yo vi primero a este hombre muerto, así que devuélvemelo.

El gigante que arrastraba a Ellam lo dejó sobre el hielo y comenzó una lucha feroz entre los dos colosos.

En su pelea, los gigantes cimbraban la tierra y provocaban que el suelo se moldeara a cada inclinación. De esta manera aparecieron los valles y las colinas.

Entonces, el inteligente inuit disparó a los cansados gigantes con sus pequeñas flechas y los mató a ambos.

Sin embargo, todavía quedaba la esposa de uno de estos monstruos, que se puso a perseguir al joven Ellam.

Pero el cazador, que había dejado cerca su kayak, logró cruzar a la otra orilla del mar.

—¿Cómo has cruzado estas aguas? —preguntó la mujer gigante.

—Me bebí el agua —respondió Ellam.

La mujer gigante comenzó a beber y a beber más agua. Cuanto más bebía, más se hinchaba y crecía, pero ella seguía bebiendo. Bebió y bebió hasta que explotó por toda el agua que tenía dentro.

Con el viento, las gotitas de agua se esparcieron por el aire y es así como se formó la niebla.

Cuando se dispersó la niebla, había de nuevo peces y lobos marinos que permitieron que el cazador y su pueblo tuvieran suficiente alimento.

PERÚ
Y
ECUADOR

El reino del Sol, el de los incas, estuvo habitado por la más importante civilización de la región andina antes de la llegada de los españoles.

Los incas destacaron por lo complejo de su estructura social, su sistema económico, su red de caminos y su elaborado registro de pesos y medidas.

Si habláramos de la poesía, danza y música ori-
ginales de este pueblo, así como de la belleza de sus
construcciones, habría que decir que son mundial-
mente apreciadas.

El paisaje, los hombres y su historia están conte-
nidos en los mitos, como estos que aquí se presen-
tan.

El Dios del Sol

El origen
de los incas

Esto sucedió hace muchos años, cuando no existían las ciudades tal como las conocemos, los animales andaban libres en los bosques y los indígenas eran más numerosos que los blancos.

Un dios llamado Viracocha había dispuesto que el Sol y la Luna vivieran distanciados para que jamás pudieran amarse.

Pero, en una ocasión, este dios supremo de todas las cosas quiso que estos cuerpos celestes se conocieran para entablar amistad. Entonces, permitió que el Sol y la Luna se acercaran por unos momentos y, como lo dispuso, los dos astros se unieron y una enorme mancha oscura tapó la superficie del Sol.

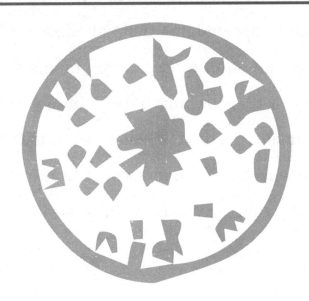

Esta sombra asustó muchísimo a todos los seres humanos, pero esta unión permitió que nacieran dos hijos: un hombre fuerte y dorado de piel, y una delicada y pálida mujer de misteriosa belleza.

Viracocha ordenó a éstos que se establecieran en una cueva y salieran de ahí cuando estuviesen preparados para convencer a los hombres de que adoraran al Sol y, de inmediato, les regaló unas hermosas vestiduras de lana y oro para que cubrieran sus cuerpos.

Manco Capac y Mama Ocllo obedecieron las órdenes del dios supremo y salieron un día de la cueva. El joven cargaba una bolsa labrada en la cual llevaba una honda para defenderse de cualquier peligro. La doncella, en cambio, cargaba unos cántaros pequeños y unos platos muy finos para preparar la comida.

Los dos hermanos marcharon así por el mundo y se encontraron con unos hombres cubiertos con pieles de animales salvajes, rudos en su trato y tan hambrientos que, al verlos, quisieron comérselos. Pero Manco Capac sacó su honda, puso en ella una piedra y con el golpe derribó el cerro y formó en él una quebrada.

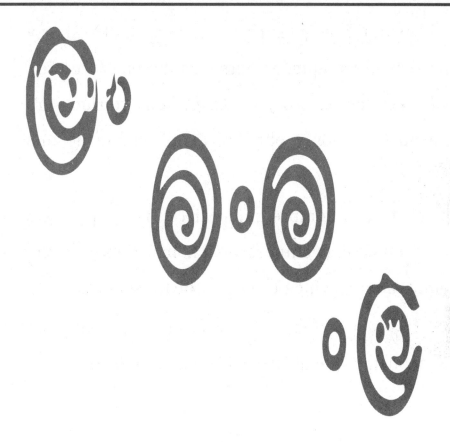

Los hombres salvajes se percataron de la forta-
leza de estos seres y quisieron encerrarlos para que
no los dominaran, pero Manco Capac y Mama Ocllo
se subieron a lo alto de una colina y desde ahí les
hablaron del gran astro que da la vida y de la bella
Luna que marca los ciclos de los tiempos.

Los hombres y las mujeres, al ver tanto amor y prudencia en aquellas personas tan elegantes con sus vestidos de oro y *chakiras*, pensaron que era bueno seguirlos y obedecerlos a cambio de una nueva vida.

A él, cuyo nombre quiere decir "rico en justicia y en bondad", le empezaron a llamar Inca, es decir, emperador y príncipe, o señor de los señores.

A la hija de los astros le pusieron por nombre Mamauchic, que quiere decir "madre nuestra".

Los hombres construyeron el imperio inca siguiendo las instrucciones de los dioses. Construyeron cabañas de barro y paja, y decidieron trabajar el campo para no padecer más hambre. Por su parte, las mujeres aprendieron a hilar y tejer vestidos abrigadores.

Poco a poco empezaron a poblar la región del Tahuantinsuyu, cuya ciudad principal se llamó Cuzco.

Los incas se organizaron tan bien que tuvieron tiempo para hacer hermosas creaciones de oro, amuletos con piedras de muchos colores, orejeras para adornarse y toda suerte de collares labrados en el precioso metal.

Viracocha comprendió que sus hijos habían cumplido su misión y vio que era bueno que Manco Capac y Mama Ocllo envejecieran y murieran como seres normales pero, para que los hombres no los olvidaran, los transformó en piedra.

De esta manera, los incas no olvidaron sus enseñanzas.

El inca Yupanqui

Una vez hubo un inca sumamente generoso que habitaba en la cima de los Andes. Poseía una *quena* que tocaba a las mil maravillas y, cuando lo hacía, un dulce sonido inundaba toda la cordillera hasta el valle de Yucay, en el Cuzco.

El joven era pastor de llamas y, entre senderos estrechos y tortuosos, diariamente recorría la vasta cordillera para darles alimento. Las llamas eran sumamente importantes ya que, de su pelaje, el inca obtenía los hilos necesarios para tejer abrigadoras prendas.

El muchacho empleaba todo el día en el cuidado de sus llamas pero, ya al atardecer, bajaba al Cuzco para ver a la hermosa Porasi, hija del rey Pachacuti.

A diferencia de algunas indígenas, Porasi era alta y poseía la fuerza de quien ha crecido trepando las altas montañas. Tenía el cabello negro y los ojos oscuros y grandes, como piedras redondas. Ella le había escuchado un día tocar la *quena* y desde ese momento había quedado enamorada de Yupanqui.

Y ahí, en el Cuzco, la ciudad sagrada y el centro del mundo, los dos jóvenes se encontraban cerca del templo del Sol, o Coricancha, para decirse palabras hermosas y jurarse que jamás se separarían.

Sin embargo, Yupanqui sabía que el rey jamás aprobaría su unión con la doncella, así que un día fue con sus padres y les dijo:

—Mil caminos he cruzado pastoreando las llamas y no han tenido queja de mí. Pero debo servir al rey para ganarme su afecto.

—¿Qué harás, hijo? —preguntaron los padres, con temor de que Yupanqui se alejara de ellos.

—Debo unirme a la campaña de mi rey para conquistar el reino de los cañaris.

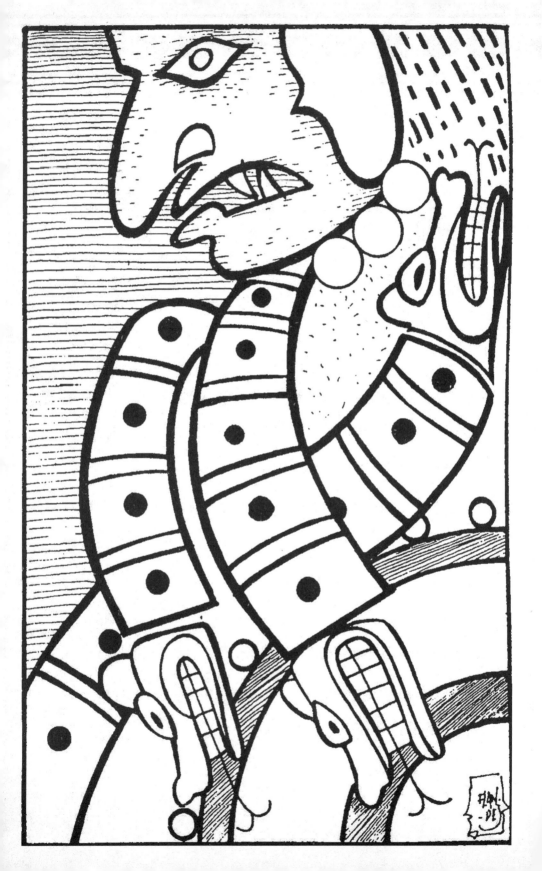

Después se despidió y fue a presentar sus honores a Pachacuti con el corazón acongojado, pues sabía que lo alejaría de la bella Porasi, pero con la esperanza del triunfo que traería para el imperio.

Así fue como partió a conquistar a los cañaris y luego a los caras, y a los quiteños.

El inca Yupanqui destacó a tal punto como militar que logró extender las fronteras del imperio. Ningún camino le parecía difícil y en todas partes lograba la amistad de los vencidos, pues les abría caminos, les mandaba construir puentes, templos y almacenes.

El rey Pachacuti, al ver tal lealtad, generosidad, valentía y perseverancia, le otorgó la mano de su hija Porasi y le cedió el reino.

Como rey, el inca Yupanqui recorrió desde Quito hasta Nazca y del Pacífico a la selva amazónica, para que el imperio incaico alcanzara su máxima extensión en la historia

Cuentan que a Porasi la colmaba de regalos al regresar de sus viajes. Le llevaba, entre otras cosas, maderas preciosas, bambú, plumas exóticas, plantas medicinales y, sobre todo, oro. Pero lo que ella disfrutaba más era estar a su lado en el templo del Sol y escucharlo tocar la dulce *quena*.

CHILE, ARGENTINA, BOLIVIA, BRASIL Y PARAGUAY

Dios Cienpiés-Nazca

La parte sur del continente americano fue cuna de grupos indígenas de variada índole, como los araucanos en Chile; los patagones en Chile y Argentina; los guaraníes en Brasil, Argentina y Paraguay; o los chiriguanos en Bolivia, por mencionar sólo algunos.

La diversidad del paisaje —selva, estepa, montañas y valles— hace que la mitología de estas regiones sea muy original por el contacto que estos pueblos tenían con los animales y las fuerzas naturales a las que estaban expuestos.

Los tehuelches, por ejemplo, habitaban las faldas de la cordillera de los Andes en Chile y Argentina, desde Chillan hasta la Patagonia. No conocían la agricultura y vivían de la recolección de frutos silvestres y de la caza de animales, de los que aprovechaban la carne y la piel. Uno de sus alimentos más característicos fue el piñón, que es el fruto de la araucaria.

Entre los animales que cazaban, se encontraban: guanacos, pumas, zorros, ñandúes y aves en general.

Estos "patagones" eran muy altos, vivían en cuevas o toldos hechos con los cueros de los animales, y recorrían grandes extensiones de la árida estepa patagónica.

El árbol sagrado

Hace muchísimo tiempo, cuando los animales hablaban con los hombres, un grupo de pobladores tehuelches vieron cruzar por la cordillera al poderoso cóndor que volaba en círculos. Parecía decirles, con su movimiento, que algo espantoso había ocurrido a las faldas del Aconcahua, la montaña más alta del continente americano.

Los cazadores habían partido, desde hacía varios días, con sus hondas, boleadoras, arcos y flechas en busca del sustento que los ayudaría a soportar el cruel invierno. Era hora de bajar por las montañas cargados de *chulengos* o guanacos tiernos, con los que se alimentarían tan pronto llegaran las nevadas.

Las mujeres habían hervido los piñones para ablandarlos y quitarles la piel, y también preparado el *calafate*, esa frutilla que crece en pequeños arbustos espinosos con que los cazadores se repondrían de sus largas jornadas en la montaña.

Por eso, cuando vieron volar al cóndor, las familias supieron que uno de los cazadores no llegaría con el resto del grupo y se sentaron a esperar en la cueva.

A la mañana siguiente, cuando llegaron los cazadores, Kikén, un niño de doce años, supo que era su padre quien faltaba.

Su madre había salido temprano a recorrer la ladera y había regresado sin ninguna noticia.

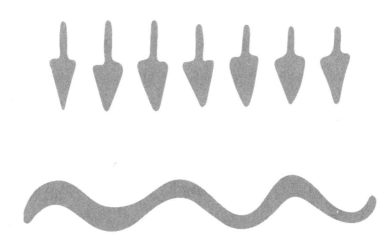

—Kikén —le dijo—. Ahora eres el hombre de la familia, y tu deber es salir a buscar a tu padre. Cúbrete con una gruesa piel y lleva tu arco y tus flechas por si se te acerca algún puma.

Entonces, Kikén partió con los primeros rayos del sol y aunque era más fuerte que muchos de sus amigos, sintió que debía hacer un gran esfuerzo para no doblegarse por el frío viento.

Caminó hasta las montañas. Ahí estaba el Centinela de Piedra, el inmenso Aconcahua, cuya cima se elevaba hasta los astros.

—¡Papá! —gritó el muchacho e intentó contener el castañeo de sus dientes—. ¡Papá! —gritó otra vez, casi sin fuerzas.

Entonces sintió un terrible mareo y se dio cuenta de que estaba por desmayarse. Sin embargo, en un último esfuerzo, vio que no lejos de él había una enorme araucaria, el árbol sagrado al que todo viajero, mediante una ofrenda, puede solicitar ayuda cuando se encuentra en problemas.

Pero ¿qué podía ofrecer Kikén, así como se encontraba?

Kikén hizo un gran esfuerzo para vencer la rigidez provocada por el frío y se quitó las botas de piel, para colgarlas de las ramas más bajas de la araucaria.

Cuando las hubo colgado, caminó descalzo unos pasos y vio que unos konas (otro grupo nómada) descansaban alrededor de una hoguera.

Se acercó, pues creía que su padre se encontraría entre ellos, pero, para su desgracia, los forasteros sólo pensaron en robarle su comida, de modo que se arrojaron sobre él y lo dejaron atado a la intemperie.

Desesperado, Kikén comenzó a gritar:

—¡Pehuén, árbol sagrado! ¡Ayúdame!

Y cerró los ojos para no ver la temida imagen de la muerte vestida de copos de nieve.

Sin embargo, volvió a abrirlos cuando dejó de sentir el hielo sobre su cara y vio que el viento ya no se arremolinaba a su alrededor.

Levantó la vista y contempló con asombro las ramas de la araucaria, que se había agitado y sacudido hasta despegar sus raíces de la tierra y había caminado hasta él para ayudarlo. Luego, al llegar junto a Kikén, el árbol había extendido sus raíces a lo largo del cuerpo del joven y sus ramas habían confeccionado una auténtica cama.

Mientras tanto, la madre de Kikén había soñado todo esto y, ayudada por el cóndor, había llegado hasta donde se encontraba su hijo atado de pies y manos, pero sano y salvo gracias al calor del árbol.

Sin demora, la mujer fue desatando a su hijo y, poco a poco, Kikén fue recobrando la conciencia.

Entonces, el árbol pareció sonreír como sólo pueden hacerlo los árboles con su verdor y con sus frutos.

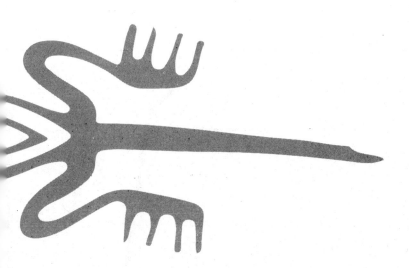

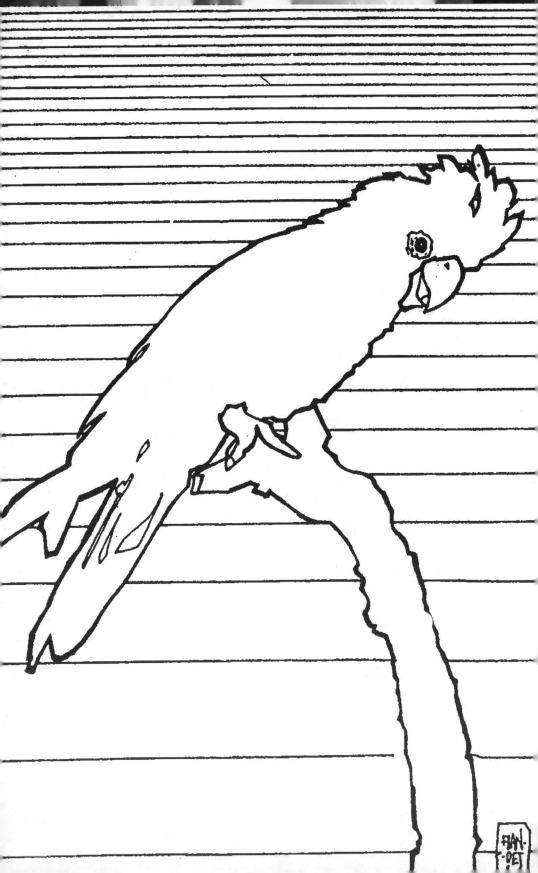

El nacimiento del arco iris

Esto sucedió en Iguazú. ¿Recuerdas cuando te llevé a las cataratas? Primero nos embarcamos en una canoa y navegamos río arriba hasta un pequeño salto de agua, en donde conociste a las garzas blancas.

Al otro lado de la orilla, un pequeño jaguar descansaba en la sombra, echado sobre una piedra

junto al agua, y las dos sentimos que la exuberante vegetación envolvía al felino y lo llenaba de imponente majestuosidad.

Entonces, yo quise que nos refrescáramos y acerqué más y más la canoa hasta que la brisa nos dejó empapadas. El salto de agua en realidad no era tan pequeño y tú tuviste miedo, pero igual fuimos arrastradas hasta la ducha fresca.

¿Recuerdas? Al salir nos topamos de frente con el maravilloso arco iris y tú me preguntaste si había algún cuento guaraní que explicara esta belleza.

Entonces te conté que hace muchísimo tiempo, en la espesa selva verde que rodea Agua Grande, habitaban unos pequeños animalitos que provocaban la admiración de todos aquellos que tenían la suerte de poder verlos. Eran siete magníficas mariposas, todas diferentes, pero cada una con sus alas pintadas de un color brillante y único. Su belleza era tal que las flores de la selva, incluso las orquídeas, se sentían celosas cada vez que las mariposas revoloteaban a su alrededor.

Las siete amigas eran inseparables y, cuando recorrían la selva, parecían una nube de colores arrullada por el viento.

Pero cierto día, una de ellas se lastimó con una espina y ya no pudo volar con sus compañeras. Las demás mariposas la rodearon y, al verla así, pensaron que la herida era mortal

Volaron hasta el cielo para pedir ayuda a los dioses y les prometieron, realizar cualquier sacrificio, con tal de que la muerte no las separara.

La generosa Manabí, la de grandes y expresivos ojos negros, la que lleva plumas para adornar su lacio cabello y un tatuaje con el símbolo del agua, les dijo:

—¿Están dispuestas a dar sus propias vidas con tal de permanecer juntas?

Las mariposas dijeron que sí, y en ese mismo instante fuertes vientos cruzaron los cielos, las nubes se tornaron negras y se desató una tormenta con rayos y lluvia como nunca se había visto. Un remolino envolvió a las siete mariposas y las elevó más allá de las nubes.

Cuando regresó la calma y el Sol, nuestro dios, se disponía a secar nuestra tierra, una imponente curva luminosa cruzó el cielo. Era este mismo arco que ahora vemos pintado con los colores de las siete mariposas, que brilla gracias a las almas de estas siete amigas que pidieron a los dioses estar siempre juntas.

Por eso, cuando me preguntas si es posible la amistad, recuerdo al arco iris que vimos cuando te llevé río arriba, y pienso que sí. Que la amistad es ese raro arco iris que reconforta el alma después de una tormenta.

El origen del fuego

Hablar del fuego es hablar de un elemento vital para el ser humano. Cuando no lo conocíamos, no teníamos con qué calentarnos ni podíamos cocer los alimentos. El fuego nos dio luz en la noche y abrazadora tibieza en el hogar, purificó y moldeó nuestros utensilios e hizo que maduraran nuestras ideas. El fuego nos dio

un motivo para danzar y nos acercó al Sol, nuestro dios.

Así comenzó su relato aquel pescador guaraní que, sentado en una piedra con las piernas cómodamente cruzadas, parecía meditar en torno a la fogata.

—Hubo cierta vez una gran inundación y sólo se salvaron un niño y una niña. Pero ¿cómo iban a sobrevivir si todas las hogueras de la tierra estaban apagadas? Entonces vieron que los cuervos se habían apoderado del fuego y lo guardaban celosamente. No querían que nadie lo utilizara.

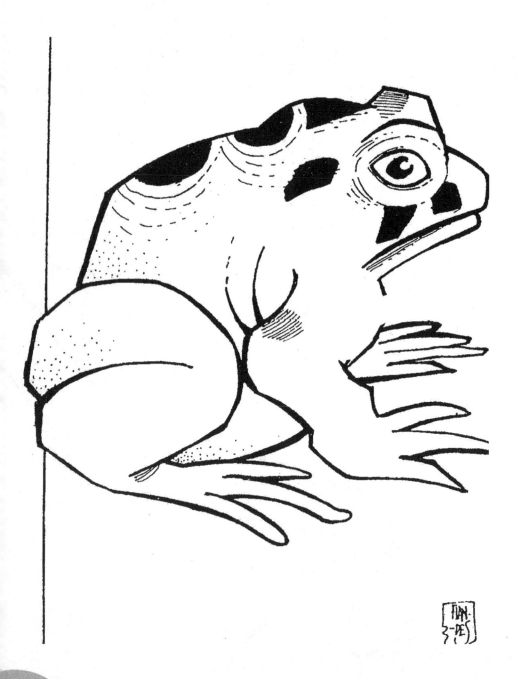

"Al ver esto, Ñanderiké, el muchacho, planeó robar tan preciado elemento y se hizo acompañar de su amiga Tyravi a la zona en donde viven las aves de rapiña.

"Al mirar a los envidiosos cuervos, el chico ocultó a Tyravi entre unos arbustos y él se echó al suelo para simular que estaba muerto.

"Los cuervos lo descubrieron, pero como el astuto Ñanderiké se había llenado los bolsillos de pescado podrido, olfatearon al supuesto cadáver y quisieron comérselo en seguida.

"Fueron por el fuego para cocinar al niño y dispusieron los encendidos carbones alrededor del muchacho. De pronto, salió Tyravi de entre los arbustos. ¡Qué buen susto se llevaron las aves! ¡No quedó un solo cuervo que no huyera despavorido!

"Ahora sólo quedaba agarrar la flor roja y caliente sin hacerse daño. Afortunadamente, Ñanderiké vio a un sapo que pasaba por ahí y le pidió que recogiera las ascuas en su boca y las llevara hasta el tronco de un árbol.

"El sapo obedeció, pero luego no quiso entregar su tesoro y se tragó unas cuantas ascuas, lo que provocó que su piel se hiciera rugosa, como ampollada.

"Finalmente, el sapo depositó el fuego en el árbol y pronto los niños aprendieron a usarlo y a controlarlo, y vieron que podían encenderlo al frotar dos ramas bien secas.

"Así pudieron cocinar los peces que atrapaban y calentar sus ateridos cuerpos. Con el tiempo, estos niños crecieron y de su unión descendemos todos nosotros".

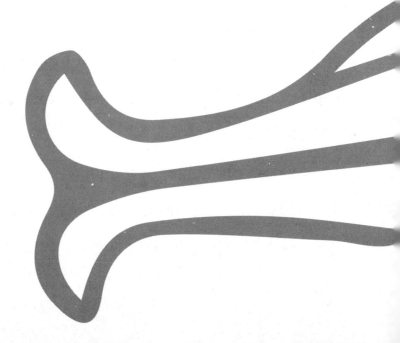

El pescador terminó de hablar y nos mostró un extraño animalito llamado perezoso que, según otra versión, fue el que salvó al fuego de la inundación al ponerlo sobre sus hombros.

Si nos fijamos bien, el perezoso lleva unas marcas brillantes en sus hombros; por eso en la selva se le conoce como *ttata-ou-pap*, que quiere decir "fuego y hoguera".

Mitología de América para niños, de Gabriela Santana,
fue impreso en mayo de 2021, en Impreimagen,
José María Morelos y Pavón, manzana 5, lote 1,
Colonia Nicolás Bravo, CP 55296,
Ecatepec, Estado de México.